NOSSA SENHORA
DAS DORES

Ir. Aparecida Matilde Alves, fsp

NOSSA SENHORA DAS DORES

HISTÓRIA E NOVENA

Direção-geral: *Flávia Reginatto*
Editora responsável: *Marina Mendonça*
Copidesque: *Mônica Elaine G. S. da Costa*
Coordenação de revisão: *Marina Mendonça*
Revisão: *Sandra Sinzato*
Gerente de produção: *Felício Calegaro Neto*
Projeto gráfico: *Jéssica Diniz Souza*

1ª edição – 2020
1ª reimpressão – 2023

Nenhuma parte desta obra poderá ser reproduzida ou transmitida por qualquer forma e/ou quaisquer meios (eletrônico ou mecânico, incluindo fotocópia e gravação) ou arquivada em qualquer sistema ou banco de dados sem permissão escrita da Editora. Direitos reservados.

Cadastre-se e receba nossas informações
www.paulinas.com.br
Telemarketing e SAC: 0800-7010081

Paulinas

Rua Dona Inácia Uchoa, 62
04110-020 – São Paulo – SP (Brasil)
📞 (11) 2125-3500
✉ editora@paulinas.com.br

© Pia Sociedade Filhas de São Paulo – São Paulo, 2020

Introdução

Nossa Senhora das Dores, também chamada Nossa Senhora da Piedade, da Soledade, das Angústias, da Agonia, das Lágrimas ou do Pranto, e também Mãe Dolorosa (*Mater Dolorosa*, em latim), é um dos muitos títulos que a Mãe de Jesus e nossa recebeu ao longo da história. Título que se refere, particularmente, às *sete dores* sofridas por Maria durante sua vida terrena, principalmente nos momentos da paixão de Cristo.

O culto a Nossa Senhora das Dores iniciou-se em 1221, no Mosteiro de Schönau na antiga Germânia, hoje Alemanha. A festa como hoje a conhecemos, celebrada no dia 15 de setembro, porém, teve início em Florença, na Itália, em 1239, com a Ordem dos Servos de Maria, uma ordem religiosa profundamente mariana.

A imagem de Nossa Senhora das Dores apresenta-nos uma simbologia clara e bela, que expressa a profundidade dos sofrimentos pelos quais passou a Virgem Maria; sofrimentos esses que a tornam intercessora diante de Deus a nosso favor: Maria é corredentora de toda a humanidade.

Nossa Senhora das Dores apresenta um semblante de dor e sofrimento, tendo sete espadas que ferem seu coração. Foi no momento de sua dor mais crucial, durante a crucifixão de Jesus, que o Mestre divino nos entregou sua Mãe como "nossa Mãe", a Mãe de todos os homens e mulheres, a Mãe da Igreja: "Mulher, eis teu filho. Eis tua mãe" (Jo 19,26-27). A devoção a Nossa Senhora das Dores, portanto, se reveste de grande importância para todos os cristãos.

Sua imagem exibe, também, um manto azul, simbolizando o céu e a presença de Maria junto de Deus, a quem pede em nosso favor. A túnica tem a cor avermelhada, simbolizando a maternidade. Esse era o costume das mulheres judias que eram mães.

O dourado e o véu branco, que algumas pinturas apresentam, significam: por um lado, o branco, sua virgindade e pureza; e o dourado representa a realeza. Maria, portanto, é Rainha, Mãe e Virgem.

A coroa e os cravos nas mãos de Nossa Senhora das Dores simbolizam a paixão de nosso Senhor Jesus Cristo, o profundo e máximo sofrimento que Maria acompanhou, viveu e sofreu.

São João Evangelista confirma: "Estavam junto à cruz de Jesus sua mãe..." (Jo 19,25). As sete espadas no coração da Virgem Maria simbolizam as "sete dores" pelas quais Nossa Senhora passou em sua vida.

Novena

Primeiro dia

Oração inicial

Em nome do Pai e do Filho e do Espírito Santo. Amém.

Salvador do mundo, que pelos méritos da redenção preservastes a vossa Mãe de toda mancha do pecado, livrai-nos do pecado e de toda maldade.

Salvador do mundo, que tivestes vossa Mãe junto à cruz, concedei-nos, por vossa intercessão, a graça de participar generosamente dos vossos sofrimentos.

Jesus de bondade, que, pregado na cruz, destes Maria por Mãe a João e à humanidade, fazei que vivamos sempre como seus filhos e filhas.

Oração: Ó Deus, quando vosso Filho foi exaltado, quisestes que sua Mãe estivesse de pé junto à cruz, sofrendo com ele. Dai à vossa Igreja, unida a Maria na paixão de Cristo, participar da ressurreição do Senhor e concedei-nos a graça que hoje vos pedimos (momento para fazer seu pedido).

Por Jesus Cristo, vosso Filho, que convosco vive e reina, na unidade do Espírito Santo. Amém.

Palavra de Deus

Vivia em Jerusalém um homem chamado Simeão, homem justo e piedoso que esperava a consolação de Israel, e o Espírito Santo estava sobre ele. Pelo Espírito Santo lhe tinha sido revelado que não veria a morte sem antes ter visto o Cristo do Senhor. Movido pelo Espírito, foi ao Templo. Quando os pais estavam entrando com o menino Jesus para fazer conforme o estabelecido pela Lei a respeito dele, Simeão o tomou em seus braços, bendisse a Deus e disse: "Agora, Soberano Senhor, podes deixar teu servo partir em paz, conforme tua palavra, porque meus olhos viram tua salvação, que preparaste perante todos os povos, luz para revelação às nações e para glória de teu povo, Israel". [...] Simeão os abençoou, e disse a Maria, sua mãe: "Este é colocado para a queda e a elevação de muitos em Israel e para ser sinal de confrontação, a fim de que sejam revelados os pensamentos de muitos corações; mas, quanto a ti, uma espada traspassará tua alma" (Lc 2,25-35).

Silêncio para reflexão

Oração a Nossa Senhora das Dores

– Fazei, ó Mãe, fonte de amor, / que eu sinta em mim vossa dor, / para convosco chorar.

– Fazei arder meu coração, / partilhar vossa paixão / e vosso Jesus consolar.

– Ó santa Mãe, por favor, / fazei que as chagas do amor / em mim se venham gravar!

– O que Jesus padeceu / venha a sofrer também eu, / causa de tanto penar.

– Ó, dá-me, enquanto viver, / com Jesus Cristo sofrer, / convosco sempre chorar!

– Quero ficar junto à cruz, / velar convosco a Jesus / e o vosso pranto enxugar.

– Quando eu da terra partir, / para o céu possa subir, / e então convosco reinar. Amém.

Conclusão da oração

Salve, Rainha, Mãe de misericórdia, vida, doçura e esperança nossa, salve! A vós bradamos, os degredados filhos de Eva. A vós suspiramos, gemendo e chorando neste vale de lágrimas. Eia, pois, advogada nossa, esses vossos olhos misericordiosos a nós volvei. E, depois deste desterro, mostrai-nos Jesus, bendito fruto de vosso ventre. Ó clemente, ó piedosa, ó doce sempre Virgem Maria! Rogai por nós, Santa Mãe de Deus, para que sejamos dignos das promessas de Cristo. Permanecei conosco e dai-nos vosso auxílio, para que possamos converter as lutas em vitórias e as dores, em alegrias. Rogai por nós, ó Mãe, porque não sois apenas a Mãe das dores, mas também a Senhora de todas as graças. Dai-nos hoje e sempre a vossa bênção, em nome do Pai, do Filho e do Espírito Santo. Amém.

Nossa Senhora das Dores, rogai por nós!

Segundo dia

Oração inicial

Em nome do Pai e do Filho e do Espírito Santo. Amém.

Salvador do mundo, que pelos méritos da redenção preservastes a vossa Mãe de toda mancha do pecado, livrai-nos do pecado e de toda maldade.

Salvador do mundo, que tivestes vossa Mãe junto à cruz, concedei-nos, por vossa intercessão, a graça de participar generosamente dos vossos sofrimentos.

Jesus de bondade, que, pregado na cruz, destes Maria por Mãe a João e à humanidade, fazei que vivamos sempre como seus filhos e filhas.

Oração: Ó Deus, quando vosso Filho foi exaltado, quisestes que sua Mãe estivesse de pé junto à cruz, sofrendo com ele. Dai à vossa Igreja, unida a Maria na paixão de Cristo, participar da ressurreição do Senhor e concedei-nos a graça que hoje vos pedimos (momento para fazer seu pedido).

Por Jesus Cristo, vosso Filho, que convosco vive e reina, na unidade do Espírito Santo. Amém.

Palavra de Deus

> [...] tenho paciência quanto a tudo, por causa dos escolhidos, para que também eles obtenham a salvação que está em Cristo Jesus, com glória eterna. Eis uma palavra confiável: se morrermos com ele, com ele viveremos; se perseverarmos com ele, com ele reinaremos; se o negarmos, ele também nos negará; se formos infiéis, ele permanece fiel; com efeito, ele não pode negar-se a si mesmo (2Tm 2,10-13).

Silêncio para reflexão

Oração a Nossa Senhora das Dores

Ó Mãe de Jesus e nossa mãe, Senhora das Dores, nós vos contemplamos pela fé, ao pé da cruz, tendo nos braços o corpo sem vida do vosso Filho. Uma espada de dor transpassou vossa alma, como predissera o velho Simeão. Vós sois a Mãe das dores. E continuais a sofrer as dores do nosso povo, porque sois Mãe companheira, peregrina e solidária. Recolhei em vossas mãos os anseios e as angústias do povo sofrido, sem paz, sem pão, sem teto, sem direito a viver dignamente. E, com vossas graças, fortalecei aqueles que lutam por transformações em nossa sociedade. Amém.

Conclusão da oração

Salve, Rainha, Mãe de misericórdia, vida, doçura e esperança nossa, salve! A vós bradamos, os degredados filhos de Eva. A vós suspiramos, gemendo e chorando neste vale de lágrimas. Eia, pois, advogada nossa, esses vossos olhos misericordiosos a nós volvei. E, depois deste desterro, mostrai-nos Jesus, bendito fruto de vosso ventre. Ó clemente, ó piedosa, ó doce sempre Virgem Maria! Rogai por nós, Santa Mãe de Deus, para que sejamos dignos das promessas de Cristo. Permanecei conosco e dai-nos vosso auxílio, para que possamos converter as lutas em vitórias e as dores, em alegrias. Rogai por nós, ó Mãe, porque não sois apenas a Mãe das dores, mas também a Senhora de todas as graças. Dai-nos hoje e sempre a vossa bênção, em nome do Pai, do Filho e do Espírito Santo. Amém.

Nossa Senhora das Dores, rogai por nós!

Terceiro dia

Oração inicial

Em nome do Pai e do Filho e do Espírito Santo. Amém.

Salvador do mundo, que pelos méritos da redenção preservastes a vossa Mãe de toda mancha do pecado, livrai-nos do pecado e de toda maldade.

Salvador do mundo, que tivestes vossa Mãe junto à cruz, concedei-nos, por vossa intercessão, a graça de participar generosamente dos vossos sofrimentos.

Jesus de bondade, que, pregado na cruz, destes Maria por Mãe a João e à humanidade, fazei que vivamos sempre como seus filhos e filhas.

Oração: Ó Deus, quando vosso Filho foi exaltado, quisestes que sua Mãe estivesse de pé junto à cruz, sofrendo com ele. Dai à vossa Igreja, unida a Maria na paixão de Cristo, participar da ressurreição do Senhor e concedei-nos a graça que hoje vos pedimos (momento para fazer seu pedido).

Por Jesus Cristo, vosso Filho, que convosco vive e reina, na unidade do Espírito Santo. Amém.

Palavra de Deus

Agora eu me alegro nos sofrimentos por vós e completo em minha carne o que resta das aflições do Cristo em favor de seu corpo, que é a Igreja, da qual eu me tornei servidor segundo o desígnio de Deus que me foi dado em vosso favor para cumprir a Palavra de Deus (Cl 1,24-25).

Silêncio para reflexão

Oração a Nossa Senhora das Dores

Virgem Dolorosa, seríamos ingratos se não nos esforçássemos em promover a memória e o culto de vossas dores particulares, graças para uma sincera penitência, oportunos auxílios e socorros em todas as necessidades e perigos. Alcançai-nos, Senhora, de vosso divino Filho, pelos méritos de vossas dores e lágrimas, a graça de que necessitamos (momento de silêncio para pedir a graça). Rogai por nós, ó Mãe, porque não sois apenas a Mãe das dores, mas também a Senhora de todas as graças. Amém.

Conclusão da oração

Salve, Rainha, Mãe de misericórdia, vida, doçura e esperança nossa, salve! A vós bradamos, os degredados filhos de Eva. A vós suspiramos, gemendo e chorando neste vale de lágrimas. Eia, pois, advogada nossa, esses vossos olhos misericordiosos a nós volvei. E, depois deste desterro, mostrai-nos Jesus, bendito fruto de vosso ventre. Ó clemente, ó piedosa, ó doce sempre Virgem Maria! Rogai por nós, Santa Mãe de Deus, para que sejamos dignos das promessas de Cristo. Permanecei conosco e dai-nos vosso auxílio, para que possamos converter as lutas em vitórias e as dores, em alegrias. Rogai por nós, ó Mãe, porque não sois apenas a Mãe das dores, mas também a Senhora de todas as graças. Dai-nos hoje e sempre a vossa bênção, em nome do Pai, do Filho e do Espírito Santo. Amém.

Nossa Senhora das Dores, rogai por nós!

Quarto dia

Oração inicial

Em nome do Pai e do Filho e do Espírito Santo. Amém.

Salvador do mundo, que pelos méritos da redenção preservastes a vossa Mãe de toda mancha do pecado, livrai-nos do pecado e de toda maldade.

Salvador do mundo, que tivestes vossa Mãe junto à cruz, concedei-nos, por vossa intercessão, a graça de participar generosamente dos vossos sofrimentos.

Jesus de bondade, que, pregado na cruz, destes Maria por Mãe a João e à humanidade, fazei que vivamos sempre como seus filhos e filhas.

Oração: Ó Deus, quando vosso Filho foi exaltado, quisestes que sua Mãe estivesse de pé junto à cruz, sofrendo com ele. Dai à vossa Igreja, unida a Maria na paixão de Cristo, participar da ressurreição do Senhor e concedei-nos a graça que hoje vos pedimos (momento para fazer seu pedido).

Por Jesus Cristo, vosso Filho, que convosco vive e reina, na unidade do Espírito Santo. Amém.

Palavra de Deus

> Quem quiser vir após mim, negue-se a si mesmo, carregue cada dia sua cruz e siga-me. Pois quem quiser salvar sua vida a perderá, mas quem perder sua vida por mim, esse a salvará. Com efeito, de que vale ao homem ganhar o mundo inteiro, se ele destrói ou arruína a si mesmo? Ademais, se alguém se envergonhar de mim e de minhas palavras, dele se envergonhará o Filho do Homem quando vier em sua glória [...] (Lc 9,23-26).

Silêncio para reflexão

Oração a Nossa Senhora das Dores

Ó Mãe das Dores, Rainha dos mártires, que tanto chorastes vosso Filho morto para salvar a humanidade, alcançai-nos uma verdadeira contrição dos nossos pecados e sincera mudança de vida, com uma incessante e terna compaixão pelos sofrimentos de Jesus, vossos e de nossos irmãos mais necessitados. Enfim, ó minha Mãe, pela dor que experimentastes quando o vosso divino Filho, no meio de tantos tormentos, inclinando a cabeça, expirou à vossa vista sobre a cruz, eu vos suplico que nos alcanceis uma boa morte. Por nosso Senhor Jesus, vosso Filho e nosso irmão, socorrei-nos! Amém.

Conclusão da oração

Salve, Rainha, Mãe de misericórdia, vida, doçura e esperança nossa, salve! A vós bradamos, os degredados filhos de Eva. A vós suspiramos, gemendo e chorando neste vale de lágrimas. Eia, pois, advogada nossa, esses vossos olhos misericordiosos a nós volvei. E, depois deste desterro, mostrai-nos Jesus, bendito fruto de vosso ventre. Ó clemente, ó piedosa, ó doce sempre Virgem Maria! Rogai por nós, Santa Mãe de Deus, para que sejamos dignos das promessas de Cristo. Permanecei conosco e dai-nos vosso auxílio, para que possamos converter as lutas em vitórias e as dores, em alegrias. Rogai por nós, ó Mãe, porque não sois apenas a Mãe das dores, mas também a Senhora de todas as graças. Dai-

-nos hoje e sempre a vossa bênção, em nome do Pai, do Filho e do Espírito Santo. Amém.

Nossa Senhora das Dores, rogai por nós!

Quinto dia

Oração Inicial

Em nome do Pai e do Filho e do Espírito Santo. Amém.

Salvador do mundo, que pelos méritos da redenção preservastes a vossa Mãe de toda mancha do pecado, livrai-nos do pecado e de toda maldade.

Salvador do mundo, que tivestes vossa Mãe junto à cruz, concedei-nos, por vossa intercessão, a graça de participar generosamente dos vossos sofrimentos.

Jesus de bondade, que, pregado na cruz, destes Maria por Mãe a João e à humanidade, fazei que vivamos sempre como seus filhos e filhas.

Oração: Ó Deus, quando vosso Filho foi exaltado, quisestes que sua Mãe estivesse de pé junto à cruz, sofrendo com ele. Dai à vossa Igreja, unida a Maria na paixão de Cristo, participar da ressurreição do Senhor e concedei-nos a graça que hoje vos pedimos (momento para fazer seu pedido).

Por Jesus Cristo, vosso Filho, que convosco vive e reina, na unidade do Espírito Santo. Amém.

Palavra de Deus

Alguns lhe trouxeram um paralítico que jazia numa maca. Vendo a fé que tinham, Jesus disse ao paralítico: "Coragem, filho! Teus pecados estão perdoados". Então alguns escribas disseram entre si: "Este blasfema". Jesus, ciente do que pensavam, lhes disse: "Por que pensais mal em vossos corações? O que é mais fácil dizer: 'Teus pecados estão perdoados', ou 'Levanta-te e caminha'? Pois bem, para que saibais que o Filho do Homem está autorizado a perdoar pecados na terra", disse, então, ao paralítico: "Levanta-te, pega tua maca e vai para tua casa" (Mt 9,2-6).

Silêncio para reflexão

Oração a Nossa Senhora das Dores

Recolhei em vossas mãos, ó Mãe das Dores, os anseios e as angústias do povo sofrido, sem paz, sem pão, sem teto, sem direito a viver dignamente. E, com vossas graças, fortalecei aqueles que lutam por transformações em nossa sociedade. Ó Advogada dos pecadores, não deixeis de amparar-nos na aflição e no combate da terrível passagem desta vida para a eternidade. Rogamos desde já a vosso divino Filho e a vós, que nos socorreis nesta hora extrema, e assim diremos: "Jesus e Maria, entregamos-vos a nossa alma". Amém.

Conclusão da oração

Salve, Rainha, Mãe de misericórdia, vida, doçura e esperança nossa, salve! A vós bradamos, os degredados filhos de Eva. A vós suspiramos, gemendo e chorando neste vale de lágrimas. Eia, pois, advogada nossa, esses vossos olhos misericordiosos a nós volvei. E, depois deste desterro, mostrai-nos Jesus, bendito fruto de vosso ventre. Ó clemente, ó piedosa, ó doce sempre Virgem Maria! Rogai por nós, Santa Mãe de Deus, para que sejamos dignos das promessas de Cristo. Permanecei conosco e dai-nos vosso auxílio, para que possamos converter as lutas em vitórias e as dores, em alegrias. Rogai por nós, ó Mãe, porque não sois apenas a Mãe das dores, mas também a Senhora de todas as graças. Dai-nos hoje e sempre a vossa bênção, em nome do Pai, do Filho e do Espírito Santo. Amém.

Nossa Senhora das Dores, rogai por nós!

Sexto dia

Oração inicial

Em nome do Pai e do Filho e do Espírito Santo. Amém.

Salvador do mundo, que pelos méritos da redenção preservastes a vossa Mãe de toda mancha do pecado, livrai-nos do pecado e de toda maldade.

Salvador do mundo, que tivestes vossa Mãe junto à cruz, concedei-nos, por vossa intercessão, a graça de participar generosamente dos vossos sofrimentos.

Jesus de bondade, que, pregado na cruz, destes Maria por Mãe a João e à humanidade, fazei que vivamos sempre como seus filhos e filhas.

Oração: Ó Deus, quando vosso Filho foi exaltado, quisestes que sua Mãe estivesse de pé junto à cruz, sofrendo com ele. Dai à vossa Igreja, unida a Maria na paixão de Cristo, participar da ressurreição do Senhor e concedei-nos a graça que hoje vos pedimos (momento para fazer seu pedido).

Por Jesus Cristo, vosso Filho, que convosco vive e reina, na unidade do Espírito Santo. Amém.

Palavra de Deus

Certo sábado, ele [Jesus] estava ensinando em uma sinagoga. Havia ali uma mulher que, fazia dezoito anos, possuía um espírito de enfermidade. Era encurvada e não podia de modo algum se manter erguida. Quando a viu, Jesus a chamou e lhe disse: "Mulher, foste libertada de tua enfermidade". Ele colocou as mãos sobre ela e, imediatamente, ela se endireitou e glorificava a Deus. O chefe da sinagoga, indignado por Jesus ter feito a cura no sábado, disse à multidão: "Há seis dias em que se deve trabalhar. Vinde nesses dias para serdes curados, e não no sábado!" (Lc 13,10-14).

Silêncio para reflexão

Oração a Nossa Senhora das Dores

Nossa Senhora das Dores, que conheceis nossas fraquezas e angústias de cada dia. Nós vos suplicamos, tende piedade e infundi em nós o dom da fortaleza, para que, sustentados pela força do Espírito Santo, sejamos capazes de carregar nossa cruz em união com vosso Filho Jesus, ajudando nossos irmãos que mais sofrem pelas injustiças, pelas consequências da pobreza, ou aqueles que vivem há anos sobre o leito de dor. Libertai-nos do egoísmo que nos faz olhar apenas para nós mesmos, ignorando o outro. Convertei-nos, ó Mãe da divina misericórdia, e enchei nosso coração de amor e ternura. Amém.

Conclusão da oração

Salve, Rainha, Mãe de misericórdia, vida, doçura e esperança nossa, salve! A vós bradamos, os degredados filhos de Eva. A vós suspiramos, gemendo e chorando neste vale de lágrimas. Eia, pois, advogada nossa, esses vossos olhos misericordiosos a nós volvei. E, depois deste desterro, mostrai-nos Jesus, bendito fruto de vosso ventre. Ó clemente, ó piedosa, ó doce sempre Virgem Maria! Rogai por nós, Santa Mãe de Deus, para que sejamos dignos das promessas de Cristo. Permanecei conosco e dai-nos vosso auxílio, para que possamos converter as lutas em vitórias e as dores, em alegrias. Rogai por nós, ó Mãe, porque não sois apenas a Mãe das dores, mas também a Senhora de todas as graças. Dai-

-nos hoje e sempre a vossa bênção, em nome do Pai, do Filho e do Espírito Santo. Amém.

Nossa Senhora das Dores, rogai por nós!

Sétimo dia

Oração inicial

Em nome do Pai e do Filho e do Espírito Santo. Amém.

Salvador do mundo, que pelos méritos da redenção preservastes a vossa Mãe de toda mancha do pecado, livrai-nos do pecado e de toda maldade.

Salvador do mundo, que tivestes vossa Mãe junto à cruz, concedei-nos, por vossa intercessão, a graça de participar generosamente dos vossos sofrimentos.

Jesus de bondade, que, pregado na cruz, destes Maria por Mãe a João e à humanidade, fazei que vivamos sempre como seus filhos e filhas.

Oração: Ó Deus, quando vosso Filho foi exaltado, quisestes que sua Mãe estivesse de pé junto à cruz, sofrendo com ele. Dai à vossa Igreja, unida a Maria na paixão de Cristo, participar da ressurreição do Senhor e concedei-nos a graça que hoje vos pedimos (momento para fazer seu pedido).

Por Jesus Cristo, vosso Filho, que convosco vive e reina, na unidade do Espírito Santo. Amém.

Palavra de Deus

> Jesus foi a uma cidade chamada Naim [...]. Quando se aproximava da porta da cidade, estava sendo carregado para fora um morto, filho único de sua mãe, que era viúva; uma numerosa multidão da cidade estava com ela. Ao vê-la, o Senhor foi tomado de compaixão por ela e disse-lhe: "Não chores". E, aproximando-se, tocou o féretro, e os que o carregavam pararam. Então disse: "Jovem, eu te digo: levanta-te". O morto ergueu-se e começou a falar; e Jesus o entregou à sua mãe. Todos ficaram atemorizados e glorificavam a Deus, dizendo: "Um grande profeta surgiu entre nós", e: "Deus visitou seu povo" (Lc 7,11-17).

Silêncio para reflexão

Oração a Nossa Senhora das Dores

Senhora das Dores, que tivestes o vosso puro coração trespassado por sete espadas; consolação dos aflitos, protetora dos fracos e oprimidos, acorrei em auxílio dos vossos filhos nas horas de aflição. Compadecei-vos da humanidade,

Senhora. Considerai o seu sofrimento. Suplicantes, vos pedimos misericórdia e compaixão, para os povos massacrados pelas guerras, pela fome e pela dominação de governos impiedosos e irresponsáveis. Vós que sofrestes por todas as criaturas, consolai o nosso povo sofrido, Nossa Senhora das Dores, e concedei a todos alívio e paz. Assim seja.

Conclusão da oração

Salve, Rainha, Mãe de misericórdia, vida, doçura e esperança nossa, salve! A vós bradamos, os degredados filhos de Eva. A vós suspiramos, gemendo e chorando neste vale de lágrimas. Eia, pois, advogada nossa, esses vossos olhos misericordiosos a nós volvei. E, depois deste desterro, mostrai-nos Jesus, bendito fruto de vosso ventre. Ó clemente, ó piedosa, ó doce sempre Virgem Maria! Rogai por nós, Santa Mãe de Deus, para que sejamos dignos das promessas de Cristo. Permanecei conosco e dai-nos vosso auxílio, para que possamos converter as lutas em vitórias e as dores, em alegrias. Rogai por nós, ó Mãe, porque não sois apenas a Mãe das dores, mas também a Senhora de todas as graças. Dai-

-nos hoje e sempre a vossa bênção, em nome do Pai, do Filho e do Espírito Santo. Amém.

Nossa Senhora das Dores, rogai por nós!

Oitavo dia

Oração inicial

Em nome do Pai e do Filho e do Espírito Santo. Amém.

Salvador do mundo, que pelos méritos da redenção preservastes a vossa Mãe de toda mancha do pecado, livrai-nos do pecado e de toda maldade.

Salvador do mundo, que tivestes vossa Mãe junto à cruz, concedei-nos, por vossa intercessão, a graça de participar generosamente dos vossos sofrimentos.

Jesus de bondade, que, pregado na cruz, destes Maria por Mãe a João e à humanidade, fazei que vivamos sempre como seus filhos e filhas.

Oração: Ó Deus, quando vosso Filho foi exaltado, quisestes que sua Mãe estivesse de pé junto à cruz, sofrendo com ele. Dai à vossa Igreja, unida a Maria na paixão de Cristo, participar da ressurreição do Senhor e concedei-nos a graça que hoje vos pedimos (momento para fazer seu pedido).

Por Jesus Cristo, vosso Filho, que convosco vive e reina, na unidade do Espírito Santo. Amém.

Palavra de Deus

Jesus disse a seus discípulos: "Quem quiser vir atrás de mim negue-se a si mesmo, carregue sua cruz e siga-me. Pois quem quiser salvar sua vida a perderá; mas quem perder a sua vida por mim a encontrará. Com efeito, que aproveitará ao homem ganhar o mundo inteiro se arruinar a sua vida? Ou que poderá dar o homem em troca de sua vida? O Filho do Homem há de vir na glória de seu Pai, com seus anjos, e, então, retribuirá a cada um de acordo com seu modo de agir" (Mt 16,24-27).

Silêncio para reflexão

Oração a Nossa Senhora das Dores

Ó querida Mãe, Rainha daqueles que seguem vosso Filho nos caminhos da fé e da penitência. No alvorecer da esperança, vosso amor nos ilumina com a paz e nos traz a alegria da fé, que nos devolve o sorriso roubado pelas nossas dores e as dores de tantos irmãos nossos.

Querida Mãe e Rainha dos discípulos de Jesus, caminhai conosco pelos vales da tristeza e conduzi-nos às planícies da serenidade, concedida àqueles que seguem vosso Filho na missão de fazer o bem. Derramai sobre o jardim de nosso coração o orvalho da misericórdia, para que floresçam as sementes do amor em nossos gestos e palavras. Amém.

Conclusão da oração

Salve, Rainha, Mãe de misericórdia, vida, doçura e esperança nossa, salve! A vós bradamos, os degredados filhos de Eva. A vós suspiramos, gemendo e chorando neste vale de lágrimas. Eia, pois, advogada nossa, esses vossos olhos misericordiosos a nós volvei. E, depois deste desterro, mostrai-nos Jesus, bendito fruto de vosso ventre. Ó clemente, ó piedosa, ó doce sempre Virgem Maria! Rogai por nós, Santa Mãe de Deus, para que sejamos dignos das promessas de Cristo. Permanecei conosco e dai-nos vosso auxílio, para que possamos converter as lutas em vitórias e as dores, em alegrias. Rogai por nós, ó Mãe, porque não sois apenas a Mãe das dores, mas também a Senhora de todas as graças. Dai-nos hoje e sempre a vossa bênção, em nome do Pai, do Filho e do Espírito Santo. Amém.

Nossa Senhora das Dores, rogai por nós!

Nono dia

Oração inicial

Em nome do Pai e do Filho e do Espírito Santo. Amém.

Salvador do mundo, que pelos méritos da redenção preservastes a vossa Mãe de toda mancha do pecado, livrai-nos do pecado e de toda maldade.

Salvador do mundo, que tivestes vossa Mãe junto à cruz, concedei-nos, por vossa intercessão, a graça de participar generosamente dos vossos sofrimentos.

Jesus de bondade, que, pregado na cruz, destes Maria por Mãe a João e à humanidade, fazei que vivamos sempre como seus filhos e filhas.

Oração: Ó Deus, quando vosso Filho foi exaltado, quisestes que sua Mãe estivesse de pé junto à cruz, sofrendo com ele. Dai à vossa Igreja, unida a Maria na paixão de Cristo, participar da ressurreição do Senhor e concedei-nos a graça que hoje vos pedimos (momento para fazer seu pedido).

Por Jesus Cristo, vosso Filho, que convosco vive e reina, na unidade do Espírito Santo. Amém.

Palavra de Deus

Não se agite vosso coração. Credes em Deus; crede também em mim. Na casa de meu Pai, há muitas moradas. Se assim não fosse, eu vos teria dito, porque vou para preparar-vos um lugar. E, quando eu tiver ido e vos tiver preparado um lugar, virei novamente e vos levarei para junto de mim, a fim de que, onde eu estiver, estarei também vós (Jo 14,1-3).

Silêncio para reflexão

Oração a Nossa Senhora das Dores

Volvei vosso terno olhar, ó Mãe bondosa, Senhora das Dores, para nossos passos já cansados, e que, por vezes, são guiados por caminhos duvidosos e perigosos. Mãe Amada, somos vossos filhos e filhas, que sozinhos não sabemos para onde ir. Sem vosso amor, perdemo-nos em nossa orfandade espiritual. Senhora de todos os povos, raças e nações, a vós confiamos nossa gente e nossas famílias. A todos confortai com vossa poderosa intercessão, para que, seguindo vosso santo exemplo, testemunhemos a vida que sempre floresce em pequenos gestos de amor. Amém.

Conclusão da oração

Salve, Rainha, Mãe de misericórdia, vida, doçura e esperança nossa, salve! A vós bradamos, os degredados filhos de Eva. A vós suspiramos, gemendo e chorando neste vale de lágrimas. Eia, pois, advogada nossa, esses vossos olhos misericordiosos a nós volvei. E, depois deste desterro, mostrai-nos Jesus, bendito fruto de vosso ventre. Ó clemente, ó piedosa, ó doce sempre Virgem Maria! Rogai por nós, Santa Mãe de Deus, para que sejamos dignos das promessas de Cristo. Permanecei conosco e dai-nos vosso auxílio, para que possamos converter as lutas em vitórias e as dores, em alegrias. Rogai por nós, ó Mãe, porque não sois apenas a Mãe das dores, mas também a Senhora de todas as graças. Dai-nos hoje e sempre a vossa bênção, em nome do Pai, do Filho e do Espírito Santo. Amém.

Nossa Senhora das Dores, rogai por nós!

Ladainha a Nossa Senhora das Dores

Rezar esta ladainha seguida do Creio, da Salve-Rainha e de três Ave-Marias, em todas as sextas-feiras do ano.

Senhor, tende piedade de nós!
Jesus Cristo, tende piedade de nós!
Senhor, tende piedade de nós!
Jesus Cristo, ouvi-nos!
Jesus Cristo, atendei-nos!
Deus, Pai dos céus, tende piedade de nós!
Deus, Filho Redentor do mundo, tende piedade de nós!
Deus, Espírito Santo, tende piedade de nós!
Santíssima Trindade que sois um só Deus, tende piedade de nós!
Santa Maria, rogai por nós!
Santa Mãe de Deus, rogai por nós!
Santa Virgem das virgens, rogai por nós!
Mãe do Crucificado, rogai por nós!
Mãe dolorosa, rogai por nós!

Mãe lacrimosa, rogai por nós!
Mãe aflita, rogai por nós!
Mãe desamparada, rogai por nós!
Mãe desolada, rogai por nós!
Mãe privada do Filho, rogai por nós!
Mãe trespassada pela espada, rogai por nós!
Mãe nas dores imersa, rogai por nós!
Mãe cheia de angústias, rogai por nós!
Mãe com o coração à cruz cravado, rogai por nós!
Mãe tristíssima, rogai por nós!
Fonte de lágrimas, rogai por nós!
Cúmulo de sofrimentos, rogai por nós!
Espelho de paciência, rogai por nós!
Rocha de constância, rogai por nós!
Âncora de confiança, rogai por nós!
Refúgio dos abandonados, rogai por nós!
Defesa dos oprimidos, rogai por nós!
Refúgio dos incrédulos, rogai por nós!
Alívio dos míseros, rogai por nós!
Cura dos languentes, rogai por nós!
Força dos débeis, rogai por nós!
Porto dos náufragos, rogai por nós!
Silenciosa nas tempestades, rogai por nós!
Recurso dos necessitados, rogai por nós!
Terror dos demônios, rogai por nós!
Tesouro dos fiéis, rogai por nós!

Luz dos profetas, rogai por nós!
Guia dos apóstolos, rogai por nós!
Coroa dos mártires, rogai por nós!
Baluarte dos confessores, rogai por nós!
Pérola das virgens, rogai por nós!
Consolação das viúvas, rogai por nós!
Mãe dos órfãos, rogai por nós!
Alegria de todos os santos, rogai por nós!

Cordeiro de Deus que tirais os pecados do mundo, perdoai-nos, Jesus!
Cordeiro de Deus que tirais os pecados do mundo, ouvi-nos, Jesus!
Cordeiro de Deus que tirais os pecados do mundo, tende piedade de nós, Jesus!

Rogai por nós, ó Virgem Dolorosa,
para que sejamos dignos das promessas de Cristo.

Oração

À vossa eficaz proteção recorremos, ó Virgem Dolorosa e bendita; livrai-nos de todos os perigos e salvai-nos pelos merecimentos de vosso Filho Jesus Cristo, nosso Redentor, vencedor do poder das trevas e do mal. Assim seja.

Rua Dona Inácia Uchoa, 62
04110-020 – São Paulo – SP (Brasil)
Tel.: (11) 2125-3500
http://www.paulinas.com.br – editora@paulinas.com.br
Telemarketing e SAC: 0800-7010081